Impressum
Verlag: BABADADA GmbH, Nedderfeld 112 , 22529 Hamburg
Geschäftsführer / Verlagsleitung: Harald Hof
Druck: Books on Demand GmbH, In de Tarpen 42, 22848 Norderstedt

Imprint
Publisher: BABADADA GmbH, Nedderfeld 112 , 22529 Hamburg, Germany
Managing Director / Publishing direction: Harald Hof
Print: Books on Demand GmbH, In de Tarpen 42, 22848 Norderstedt, Germany

school
学校

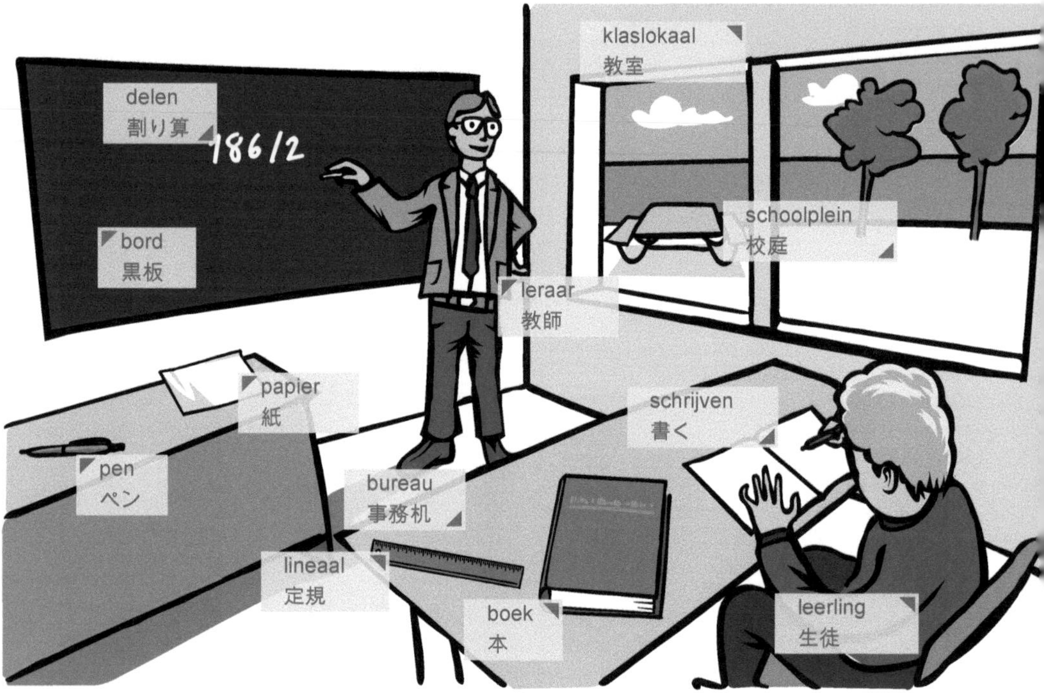

klaslokaal
教室
delen
割り算
186/2
bord
黒板
schoolplein
校庭
leraar
教師
papier
紙
schrijven
書く
pen
ペン
bureau
事務机
lineaal
定規
boek
本
leerling
生徒

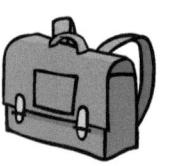

schooltas
ランドセル

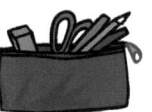

etui
筆入れ

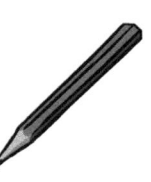

potlood
鉛筆

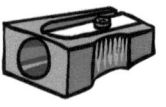

puntenslijper
鉛筆削り

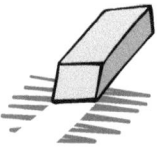

gum
消しゴム

schetsblok
スケッチブック

tekening
スケッチ

penseel
絵筆

verfdoos
絵の具箱

schaar
はさみ

lijm
接着剤

schrift
練習帳

huiswerk
宿題

getal
数

optellen
足し算

aftrekken
引き算

vermenigvuldigen
かけ算

rekenen
計算する

letter
文字

alfabet
アルファベット

woord
単語

tekst

テキスト

lezen

読む

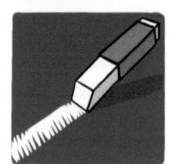

krijt

チョーク

les

授業

klassenboek

学級日誌

examen

試験

diploma

通知表

schooluniform

制服

opleiding

教育

encyclopedie

百科事典

universiteit

大学

microscoop

顕微鏡

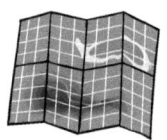

kaart

地図

prullenmand

ごみ箱

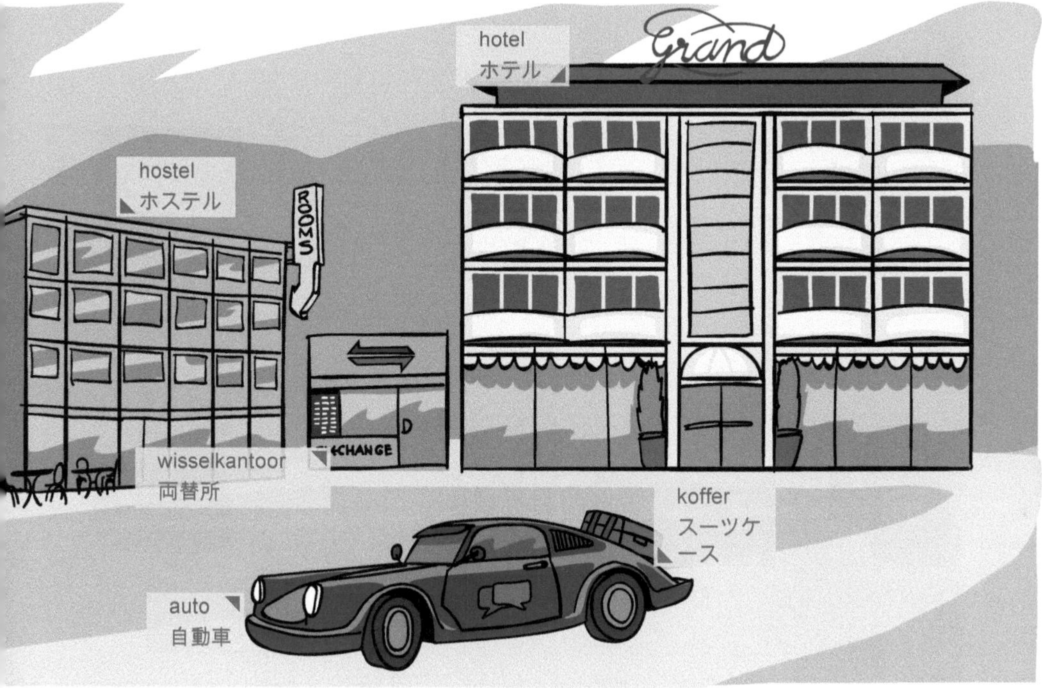

hotel
ホテル
Grand
hostel
ホステル
ROOMS
wisselkantoor
両替所
EXCHANGE
koffer
スーツケ
ース
auto
自動車

taal
言語

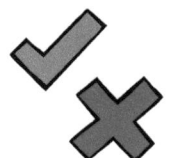

ja / nee
はい / いいえ

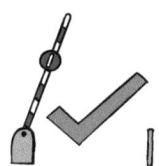

oké
問題ない

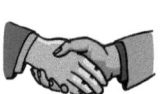

Hallo!
ハロー

tolk
翻訳者

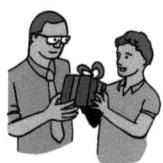

Bedankt.
ありがとう

Wat kost ...?

...はいくらですか？

Ik begrijp het niet.

わかりません

probleem

問題

Goedenavond!

こんばんは！

Goedemorgen!

おはようございます！

Goedenacht!

おやすみなさい！

Tot ziens!

さようなら

richting

方向

bagage

手荷物

tas

バッグ

rugzak

リュックサック

gast

お客様

kamer

部屋

slaapzak

寝袋

tent

テント

VVV-kantoor
旅行者情報

strand
ビーチ

creditkaart
クレジットカード

ontbijt
朝食

lunch
昼食

diner
夕食

kaartje
チケット

lift
エレベーター

postzegel
スタンプ

grens
境界

douane
税関

ambassade
大使館

visum
ビザ

paspoort
パスポート

transport

輸送

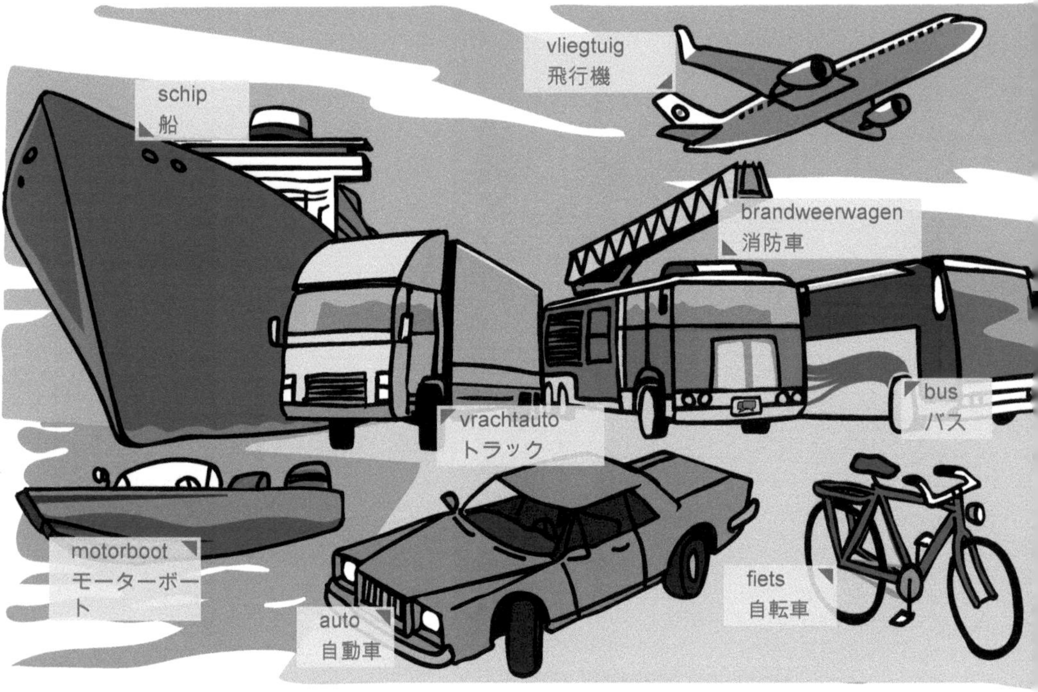
vliegtuig
飛行機
schip
船
brandweerwagen
消防車
vrachtauto
トラック
bus
バス
motorboot
モーターボート
fiets
自転車
auto
自動車

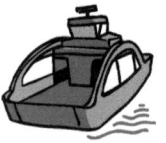

veerboot

フェリー

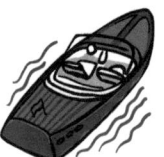

boot

ボート

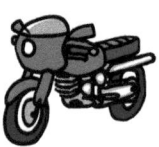

motorfiets

バイク

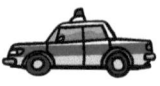

politiewagen

パトカー

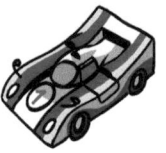

raceauto

レーシングカー

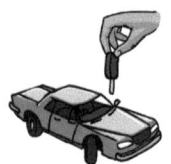

huurauto

レンタカー

carsharing

カーシェアリング

takelwagen

レッカー車

vuilniswagen

ごみ収集車

motor

モーター

benzine

燃料

benzinepomp

ガソリンスタンド

verkeersbord

交通標識

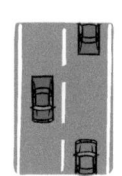

verkeer

交通

file

渋滞

parkeerplaats

駐車場

station

駅

rails

道

trein

列車

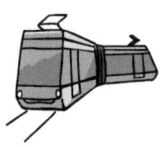

tram

路面電車

wagon

車両

helikopter

ヘリコプター

luchthaven

空港

toren

タワー

passagier

乗客

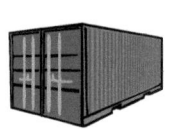

container

コンテナ

verhuisdoos

段ボール箱

kar

カート

mand

カゴ

opstijgen / landen

離陸 / 着陸

stad

都市

dorp

村

stadscentrum

都心

huis

家

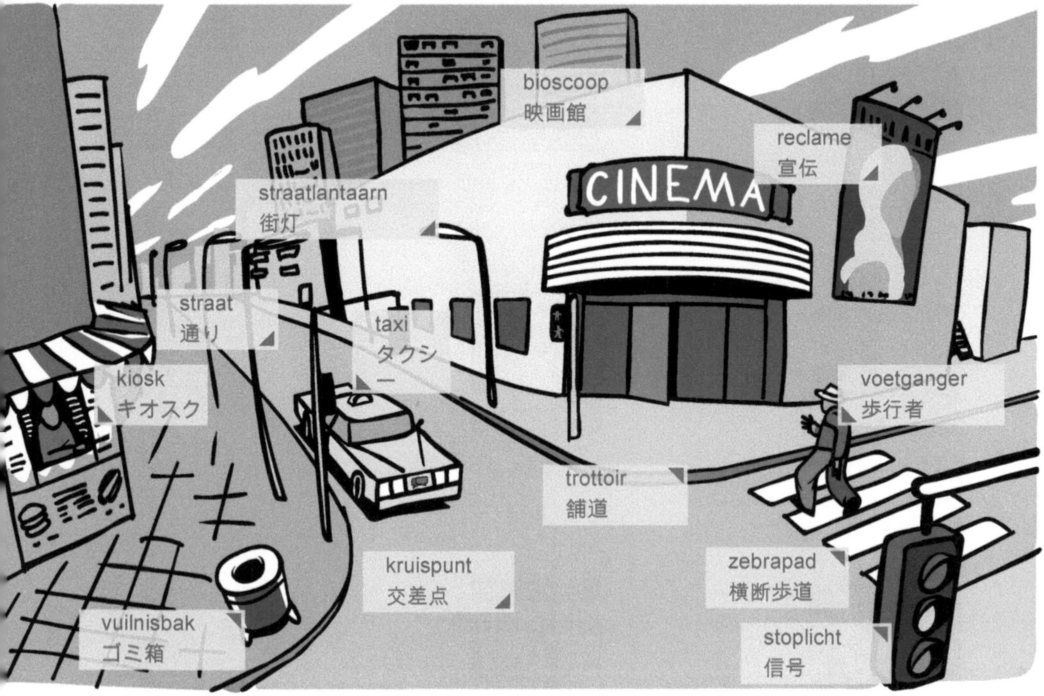
bioscoop
映画館
reclame
宣伝
CINEMA
straatlantaarn
街灯
straat
通り
taxi
タクシ
ー
kiosk
キオスク
voetganger
歩行者
trottoir
舗道
kruispunt
交差点
zebrapad
横断歩道
vuilnisbak
ゴミ箱
stoplicht
信号

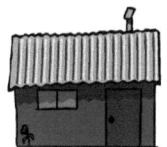

hut

小屋

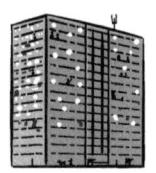

appartement

アパート

station

駅

stadhuis

市役所

MUSEUM

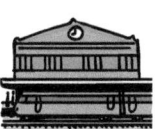

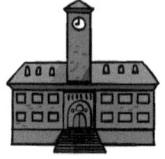

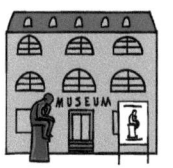

museum

美術館

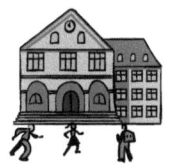

school

学校

universiteit

大学

bank

銀行

ziekenhuis

病院

hotel

ホテル

apotheek

薬局

kantoor

オフィス

boekenwinkel

書店

winkel

ショップ

bloemenwinkel

花屋

supermarkt

スーパーマーケット

markt

市場

warenhuis

デパート

visboer

魚屋

winkelcentrum

ショッピングセンター

haven

港

park
公園

bank
ベンチ

brug
橋

trap
階段

metro
地下鉄

tunnel
トンネル

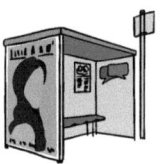

bushalte
バス停

bar
バー

restaurant
レストラン

brievenbus
ポスト

straatnaambord
道路標識

parkeermeter
パーキングメーター

dierentuin
動物園

zwembad
スイミングプール

moskee
モスク

boerderij

農場

vervuiling

汚染

begraafplaats

墓地

kerk

教会

speelplaats

遊び場

tempel

寺

landschap

風景

blad
葉

wegwijzer
道標

weg
道

weide
草地

steen
石

boom
木

wandelaar
ハイカー

rivier
川

gras
草

bloem
花

vallei

谷

berg

山

meer

湖

bos

森

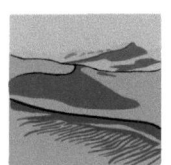

woestijn

砂漠

vulkaan

火山

kasteel

城

regenboog

虹

paddenstoel

キノコ

palmboom

ヤシの木

mug

蚊

vlieg

ハエ

mier

蟻

bij

ミツバチ

spin

クモ

kever

カブトムシ

kikker

蛙

eekhoorn

リス

egel

ハリネズミ

haas

ウサギ

uil

フクロウ

vogel

鳥

zwaan

白鳥

wild zwijn

雄豚

hert

鹿

eland

ヘラジカ

stuwdam

ダム

windmolen

風力タービン

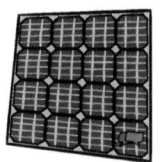

zonnepaneel

ソーラーパネル

klimaat

気候

restaurant
レストラン

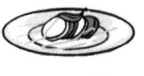

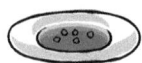

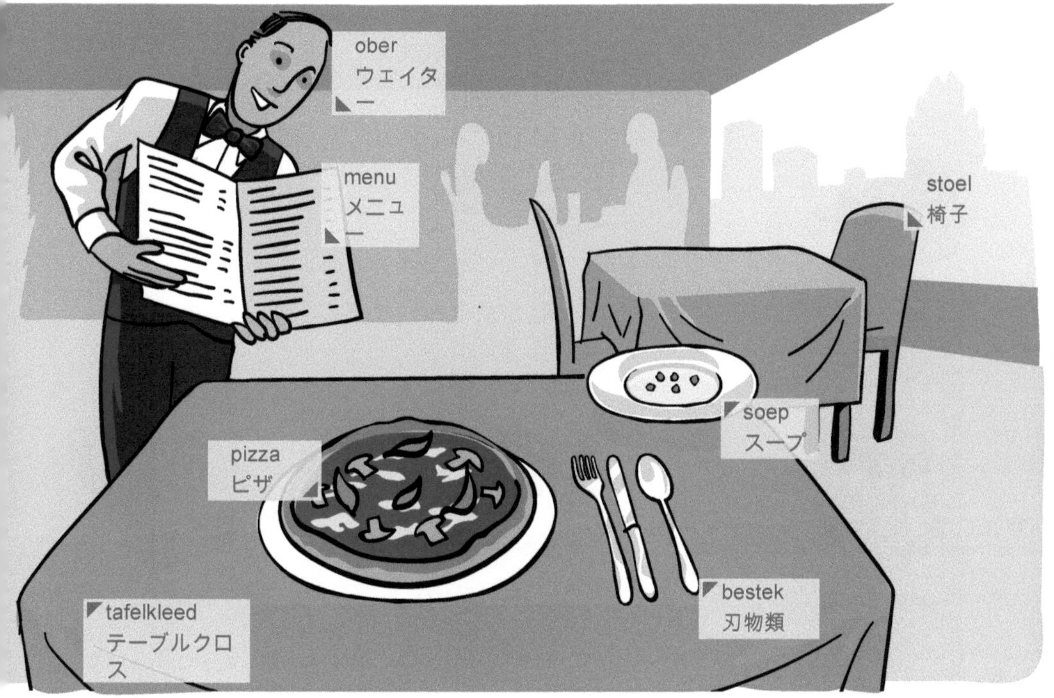

ober
ウエイター
menu
メニュー
stoel
椅子
soep
スープ
pizza
ピザ
bestek
刃物類
tafelkleed
テーブルクロス

voorgerecht

前菜

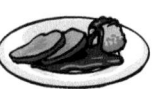

hoofdgerecht

メインコース

toetje

デザート

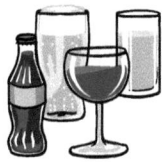

dranken

飲み物

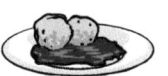

eten

食べ物

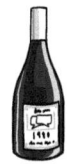

fles

ボトル

fastfood

ファストフード

eetkraampje

屋台の食べ物

theepot

ティーポット

suikerpot

砂糖入れ

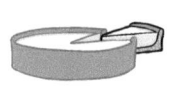

portie

一人前

espressomachine

エスプレッソマシン

kinderstoel

幼児用食事椅子

rekening

請求書

dienblad

トレー

mes

ナイフ

vork

フォーク

lepel

スプーン

theelepel

ティースプーン

servet

ナプキン

glas

グラス

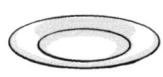

bord
皿

soepbord
スープ皿

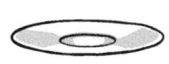

schotel
受け皿

saus
ソース

zoutvaatje
塩入れ

pepermolen
ペッパーミル

azijn
酢

olie
油

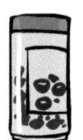

kruiden
スパイス

ketchup
ケチャップ

mosterd
マスタード

mayonaise
マヨネーズ

supermarkt
スーパーマーケット

aanbieding
特価品
FOR
klant
顧客
zuivelproducten
乳製品
fruit
果物
winkelwagen
ショッピング・
カート

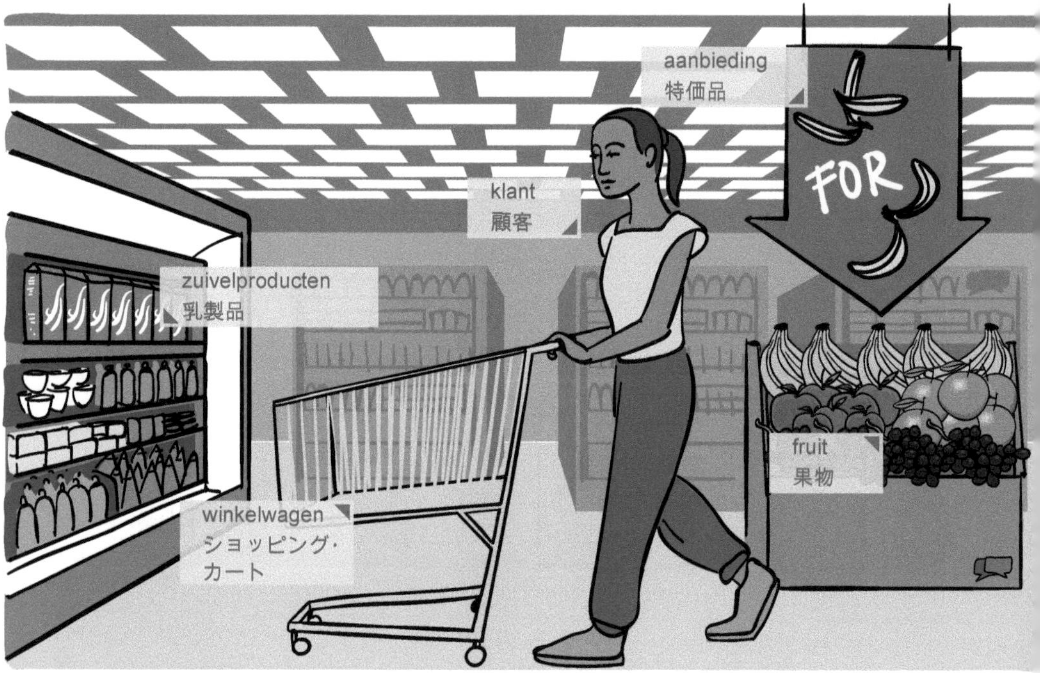

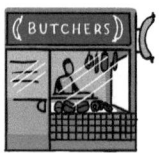

BUTCHERS

slager
肉屋

BAKERY

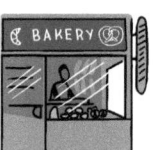

bakkerij
パン屋

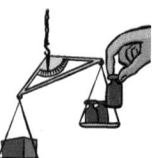

wegen
重さをはかる

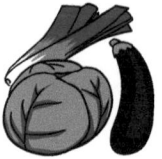

groente
野菜

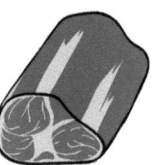

vlees
肉

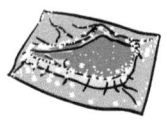

diepvriesproducten
冷凍食品

vleeswaren

冷肉の薄切り

conserven

缶詰食品

wasmiddel

洗剤

snoepgoed

菓子

huishoudelijke artikelen

家庭用品

schoonmaakmiddel

清掃用品

verkoopster

販売員

kassa

現金箱

kassier

レジ係

boodschappenlijstje

買い物リスト

openingstijden

開館時刻

portefeuille

財布

creditkaart

クレジットカード

tas

バッグ

plastic zak

ポリ袋

supermarkt - スーパーマーケット

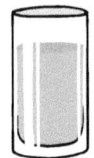

water

水

sap

ジュース

melk

牛乳

cola

コーラ

wijn

ワイン

bier

ビール

alcohol

アルコール

chocolademelk

ココア

thee

紅茶

koffie

コーヒー

espresso

エスプレッソ

cappuccino

カプチーノ

banaan

バナナ

appel

リンゴ

sinaasappel

オレンジ

watermeloen

メロン

citroen

レモン

wortel

ニンジン

knoflook

ニンニク

bamboe

竹

ui

玉ねぎ

paddenstoel

キノコ

noten

ナッツ

pasta

ヌードル

spaghetti

スパゲッティ

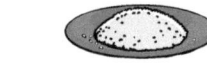

rijst

米

salade

サラダ

friet

フライドポテト

gebakken aardappelen

フライドポテト

pizza

ピザ

hamburger

ハンバーガー

sandwich

サンドウィッチ

schnitzel

カツレツ

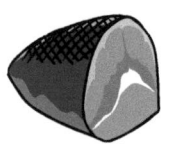

ham

ハム

salami

サラミ

worst

ソーセージ

kip

鶏肉

gebraad

焼き

vis

魚

havermout

麦のお粥

muesli

ムーズリ

cornflakes

コーンフレーク

meel

小麦粉

croissant

クロワッサン

broodjes

ロールパン

brood

パン

toast

トースト

koekjes

ビスケット

boter

バター

kwark

カッテージチーズ

taart

ケーキ

ei

卵

gebakken ei

目玉焼き

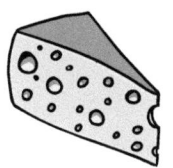

kaas

チーズ

ijs

アイスクリーム

suiker

砂糖

honing

はちみつ

jam

ジャム

chocoladepasta

ヌガークリーム

kerrie

カレー

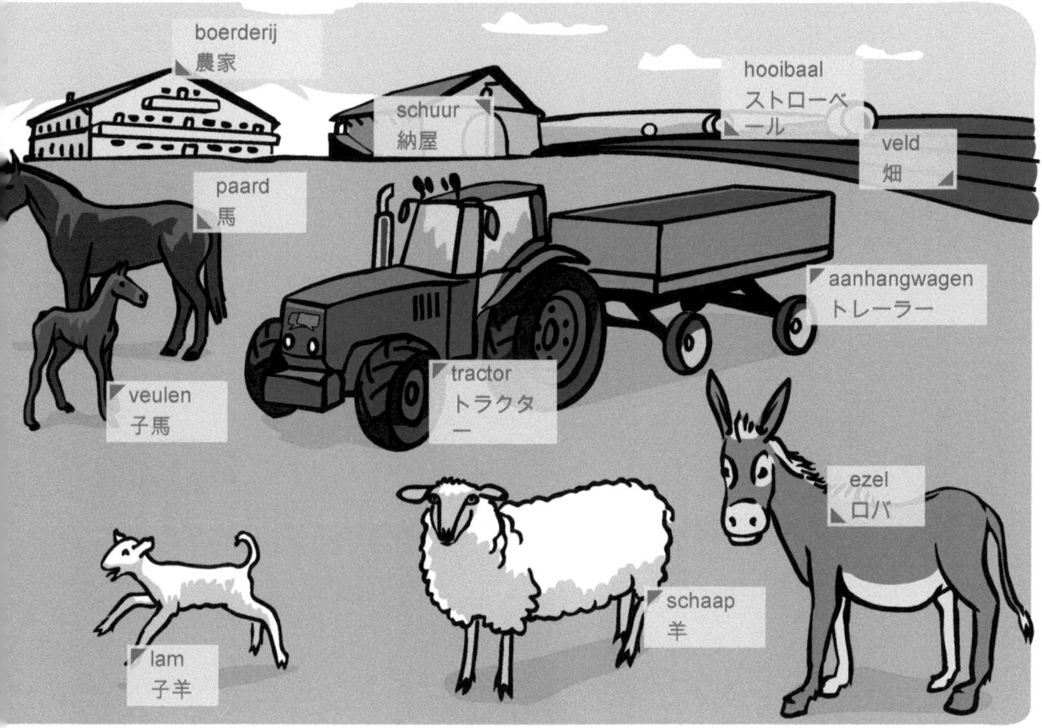

boerderij
農家

schuur
納屋

hooibaal
ストローベ
ール

veld
畑

paard
馬

aanhangwagen
トレーラー

veulen
子馬

tractor
トラクタ
ー

ezel
ロバ

schaap
羊

lam
子羊

geit
ヤギ

koe
雌牛

kalf
子牛

varken
豚

big
子豚

stier
雄牛

gans

ガチョウ

eend

アヒル

kuiken

ひよこ

kip

にわとり

haan

おんどり

rat

ネズミ

kat

猫

muis

ねずみ

os

雄牛

hond

犬

hondenhok

犬小屋

tuinslang

散水ホース

gieter

じょうろ

zeis

大鎌

ploeg

すき

sikkel

草刈り鎌

schoffel

くわ

hooivork

堆肥用フォーク

bijl

斧

kruiwagen

手押し車

trog

かいばおけ

melkbus

牛乳缶

zak

袋

hek

フェンス

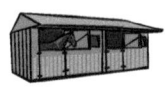

stal

畜舎

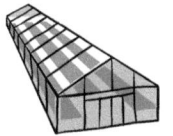

broeikas

温室

grond

土壌

zaad

種

mest

肥料

maaidorser

コンバイン

oogsten

収穫する

oogst

収穫

yam

ヤマイモ

tarwe

小麦

soja

大豆

aardappel

じゃがいも

maïs

トウモロコシ

koolzaad

菜種

fruitboom

果樹

maniok

キャッサバ

granen

穀物

huis

家

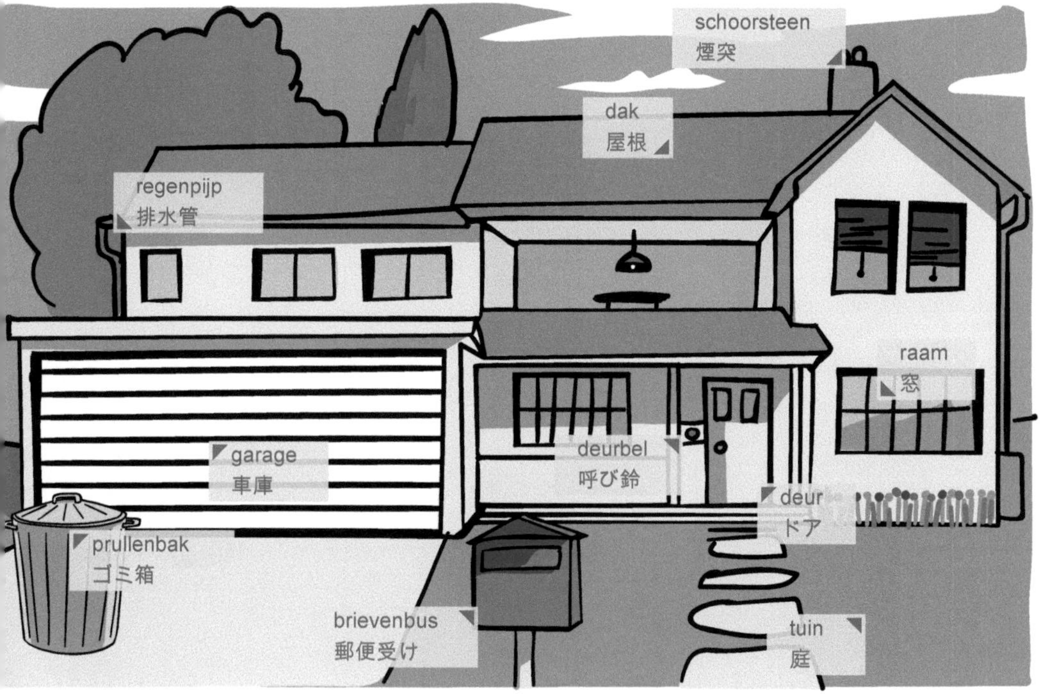

schoorsteen
煙突
dak
屋根
regenpijp
排水管
raam
窓
garage
車庫
deurbel
呼び鈴
deur
ドア
prullenbak
ゴミ箱
brievenbus
郵便受け
tuin
庭

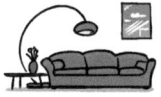

woonkamer

リビングルーム

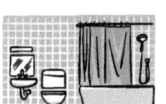

badkamer

浴室

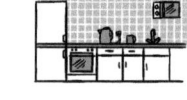

keuken

台所

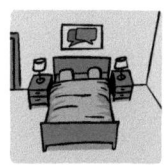

slaapkamer

寝室

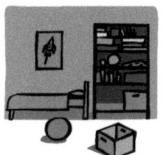

kinderkamer

子供部屋

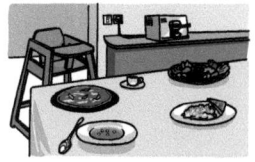

eetkamer

ダイニング・ルーム

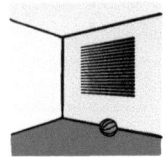

vloer
床

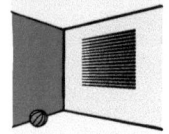

muur
壁

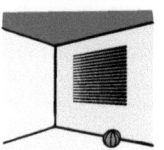

plafond
天井

kelder
地下貯蔵庫

sauna
サウナ

balkon
バルコニー

terras
テラス

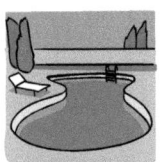

zwembad
プール

grasmaaier
芝刈り機

laken
シーツ

bedsprei
ベッドカバー

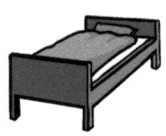

bed
ベッド

bezem
ほうき

emmer
バケツ

schakelaar
スイッチ

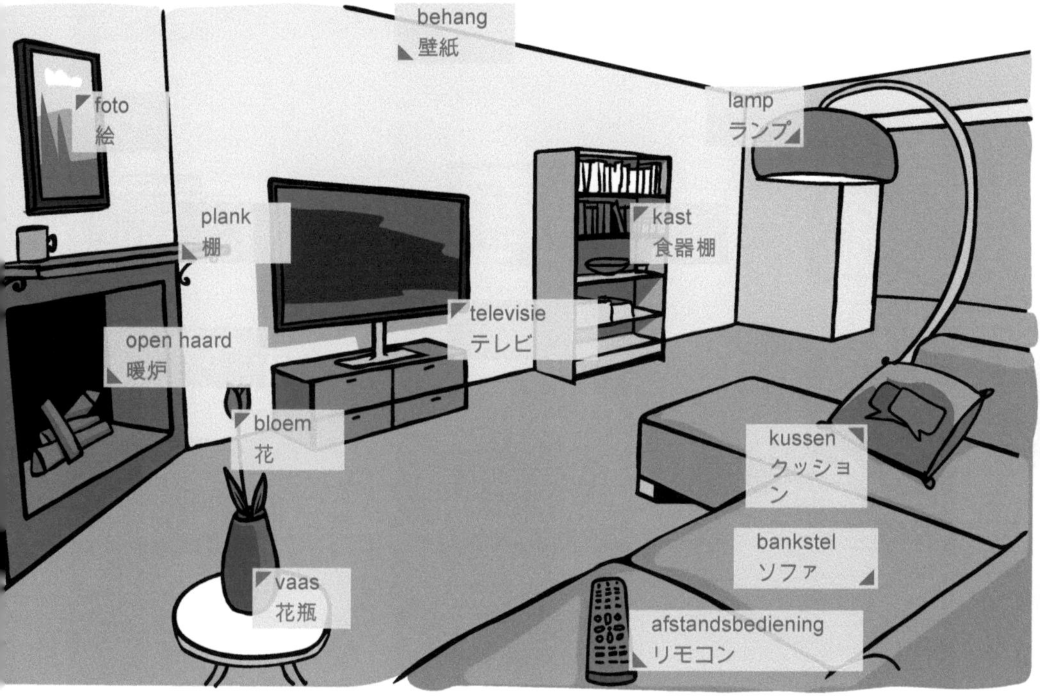

behang
壁紙

foto
絵

lamp
ランプ

plank
棚

kast
食器棚

open haard
暖炉

televisie
テレビ

bloem
花

kussen
クッション

bankstel
ソファ

vaas
花瓶

afstandsbediening
リモコン

tapijt
カーペット

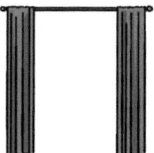

gordijn
カーテン

tafel
テーブル

stoel
椅子

schommelstoel
ロッキングチェア

stoel
ひじ掛け椅子

boek
本

deken
毛布

decoratie
飾り

brandhout
たきぎ

film
映画

stereo-installatie
ステレオ

sleutel
鍵

krant
新聞

schilderij
絵画

poster
ポスター

radio
ラジオ

kladblok
メモ帳

stofzuiger
掃除機

cactus
サボテン

kaars
ろうそく

keuken
台所

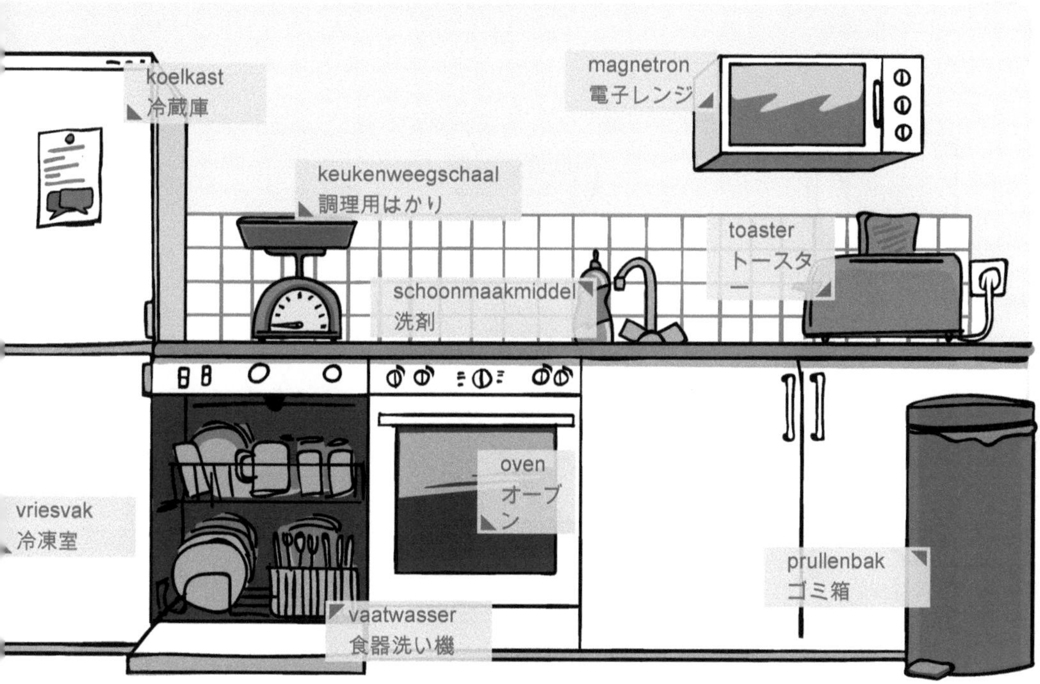

koelkast
冷蔵庫
magnetron
電子レンジ
keukenweegschaal
調理用はかり
toaster
トースター
schoonmaakmiddel
洗剤
oven
オーブン
vriesvak
冷凍室
prullenbak
ゴミ箱
vaatwasser
食器洗い機

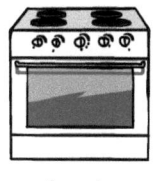

fornuis

こんろ

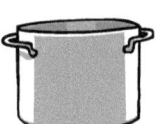

pan

鍋

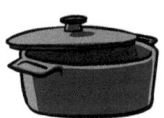

gietijzeren pan

鉄鍋

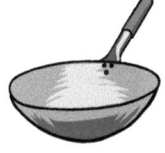

wok / kadai

中華鍋/ カダイ鍋

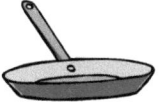

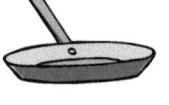

koekenpan

フライパン

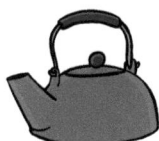

ketel

やかん

stoomkoker

蒸し器

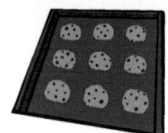

bakplaat

天板

servies

食器

beker

マグカップ

kom

ボウル

eetstokjes

箸

soeplepel

おたま

spatel

へら

garde

泡立て器

vergiet

こし器

zeef

ふるい

rasp

すりおろし器

vijzel

すり鉢

barbecue

バーベキュー

vuurhaard

かまど

snijplank

まな板

deegroller

麺棒

kurkentrekker

栓抜き

blik

缶

blikopener

缶切り

pannenlap

鍋つかみ

wasbak

流し

borstel

ブラシ

spons

スポンジ

blender

ミキサー

vriezer

冷凍庫

babyflesje

哺乳瓶

kraan

蛇口

badkamer

浴室

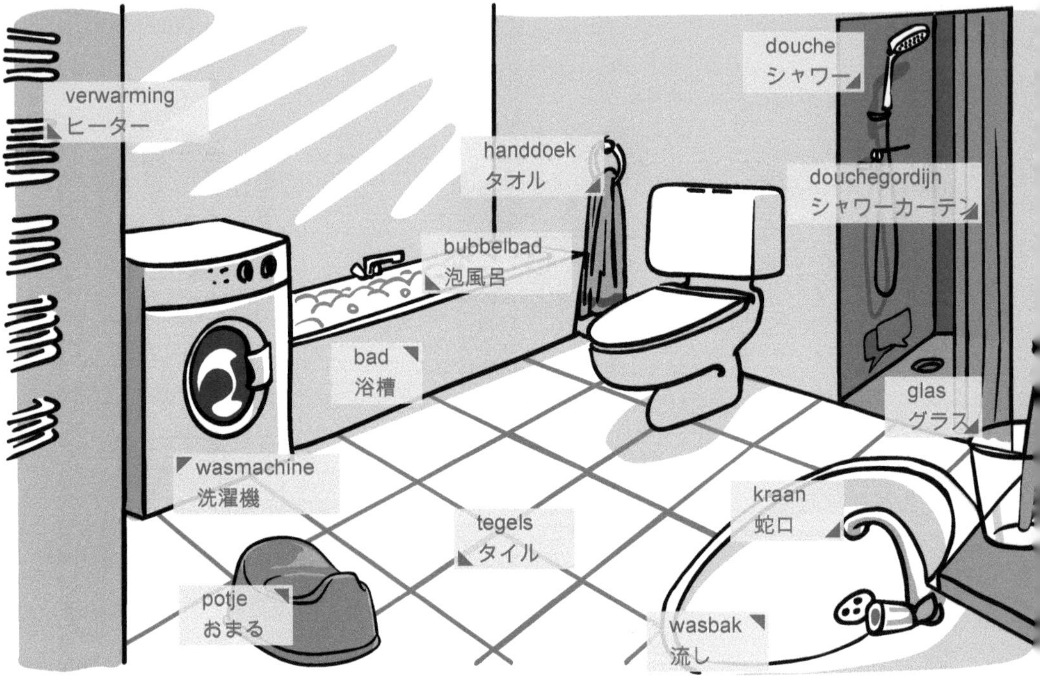

verwarming
ヒーター
douche
シャワー
handdoek
タオル
douchegordijn
シャワーカーテン
bubbelbad
泡風呂
bad
浴槽
glas
グラス
wasmachine
洗濯機
kraan
蛇口
tegels
タイル
potje
おまる
wasbak
流し

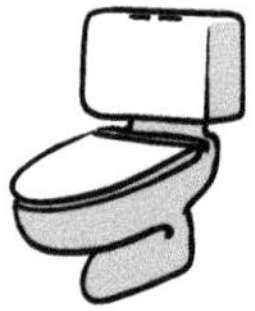

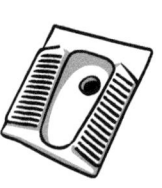

toilet

トイレ

hurktoilet

和式トイレ

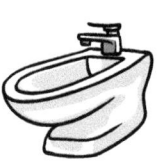

bidet

ビデ

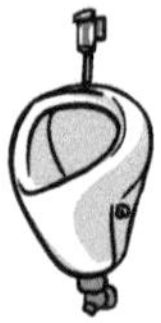

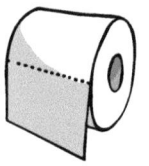

urinoir

小便器

toiletpapier

トイレットペーパー

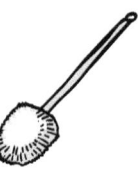

toiletborstel

トイレブラシ

tandenborstel

歯ブラシ

tandpasta

歯みがき

flosdraad

デンタルフロス

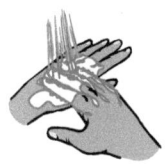

wassen

洗う

handdouche

シャワーヘッド

toiletdouche

ハンドビデ

waskom

洗面台

rugborstel

ボディブラシ

zeep

石鹸

douchegel

シャワー用ジェル

shampoo

シャンプー

washanje

浴用タオル

afvoer

排水口

creme

クリーム

deodorant

消臭

spiegel

鏡

make-upspiegel

手鏡

scheermes

かみそり

scheerschuim

シェービング・フォーム

aftershave

アフターシェーブローショ
ン

kam

櫛

borstel

ブラシ

haardroger

ドライヤー

haarspray

ヘアスプレー

make-up

化粧

lippenstift

口紅

nagellak

マニキュア

watten

脱脂綿

nagelschaartje

爪切り

parfum

香水

toilettas

洗面用具入れ

kruk

スツール

weegschaal

体重計

badjas

バスローブ

rubber handschoenen

ゴム手袋

tampon

タンポン

maandverband

生理用ナプキン

chemisch toilet

ケミカルトイレ

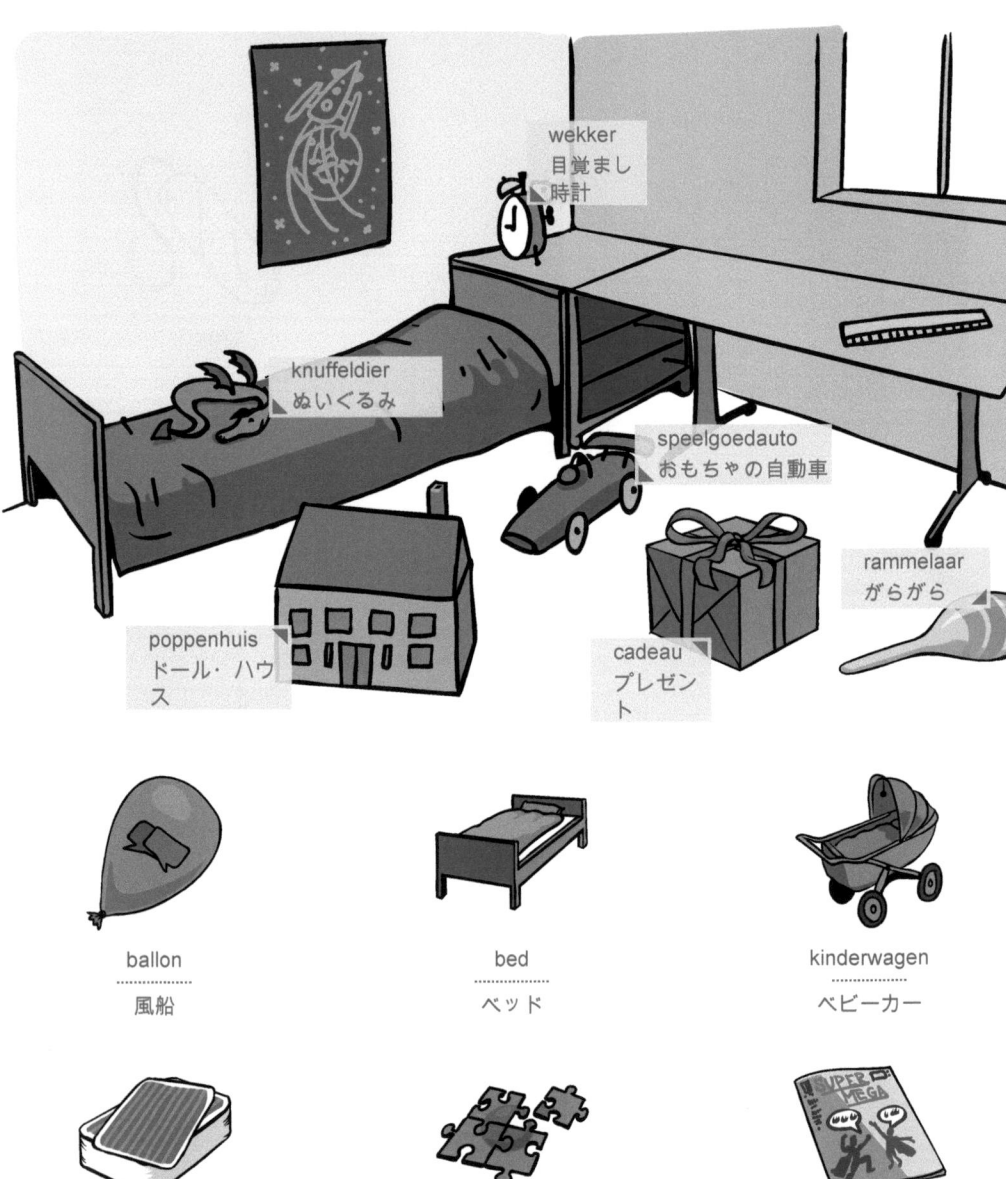

wekker
目覚まし
時計

knuffeldier
ぬいぐるみ

speelgoedauto
おもちゃの自動車

rammelaar
がらがら

poppenhuis
ドール・ハウス

cadeau
プレゼント

ballon

風船

bed

ベッド

kinderwagen

ベビーカー

kaartspel

カードゲーム

puzzel

ジグソーパズル

stripverhaal

漫画

legostenen

レゴ

speelgoedblokken

玩具ブロック

actiefiguurtje

アクションフィギュア

romper

ロンパース

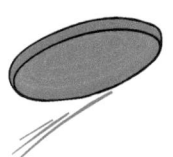

frisbee

フリスビー

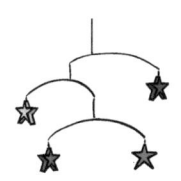

mobile

モバイル

bordspel

ボードゲーム

dobbelsteen

さいころ

modeltrein

鉄道模型

speen

おしゃぶり

feestje

パーティー

prentenboek

絵本

bal

ボール

pop

人形

spelen

遊ぶ

zandbak

砂場

schommel

ブランコ

speelgoed

おもちゃ

spelcomputer

ゲーム機

driewieler

三輪車

teddybeer

テディベア

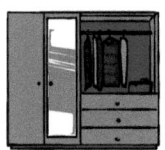

kleerkast

衣装ダンス

kleding

衣服

sokken

靴下

kousen

ストッキング

panty

タイツ

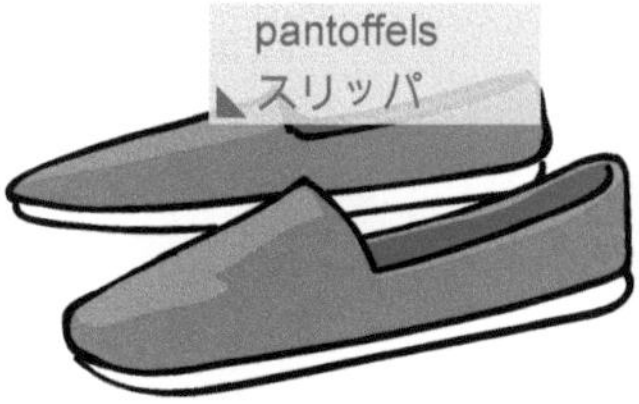

sjaal
スカーフ

paraplu
雨傘

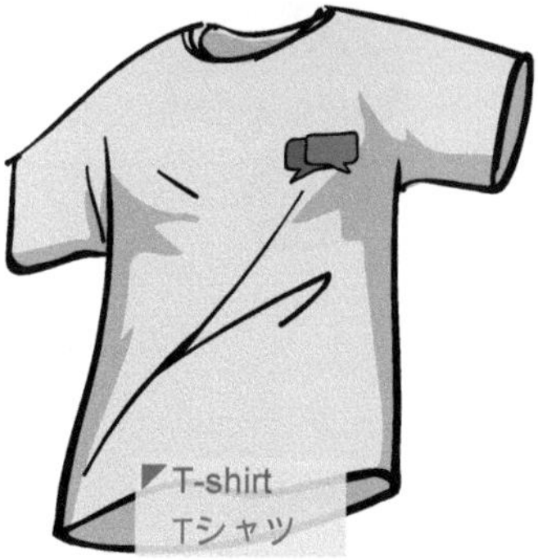

T-shirt
Tシャツ

riem
ベルト

laarzen
ブーツ

pantoffels
スリッパ

sportschoenen
スニーカー

sandalen
サンダル

schoenen
靴

rubberlaarzen
ゴム長靴

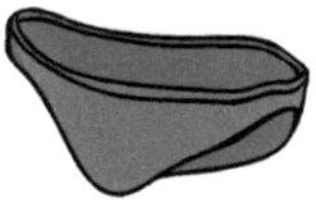

onderbroek
パンツ

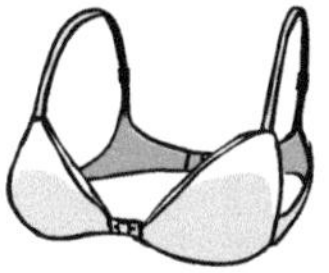

beha
ブラ

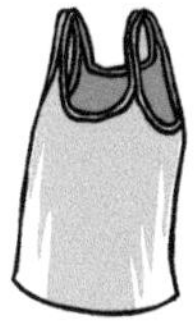

onderhemd
ベスト

body
ボディースーツ

broek
ズボン

spijkerbroek
ジーンズ

rok
スカート

blouse
ブラウス

overhemd
シャツ

trui
セーター

hoody
パーカー

blazer
ブレザー

jas
ジャケット

mantel
コート

regenjas
レインコート

kostuum
服装

jurk
ドレス

trouwjurk
ウェディングドレス

pak
スーツ

nachthemd
ナイトガウン

pyjama
パジャマ

sari
サリー

hoofddoek
ヘッドスカーフ

tulband
ターバン

boerka
ブルカ

kaftan
カフタン

abaja
アバヤ

zwempak
水着

zwembroek
トランクス

korte broek
半ズボン

trainingspak
スウェットスーツ

schort
エプロン

handschoenen
手袋

knoop
ボタン

bril
メガネ

armband
ブレスレット

ketting
ネックレス

ring
指輪

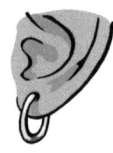

oorbel
イヤリング

pet
帽子

kledinghanger
ハンガー

hoed
帽子

stropdas
ネクタイ

rits
ファスナー

helm
ヘルメット

bretels
サスペンダー

schooluniform
制服

uniform
ユニフォーム

slabbetje

よだれかけ

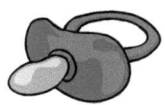

speen

おしゃぶり

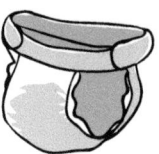

luier

おむつ

kantoor
オフィス

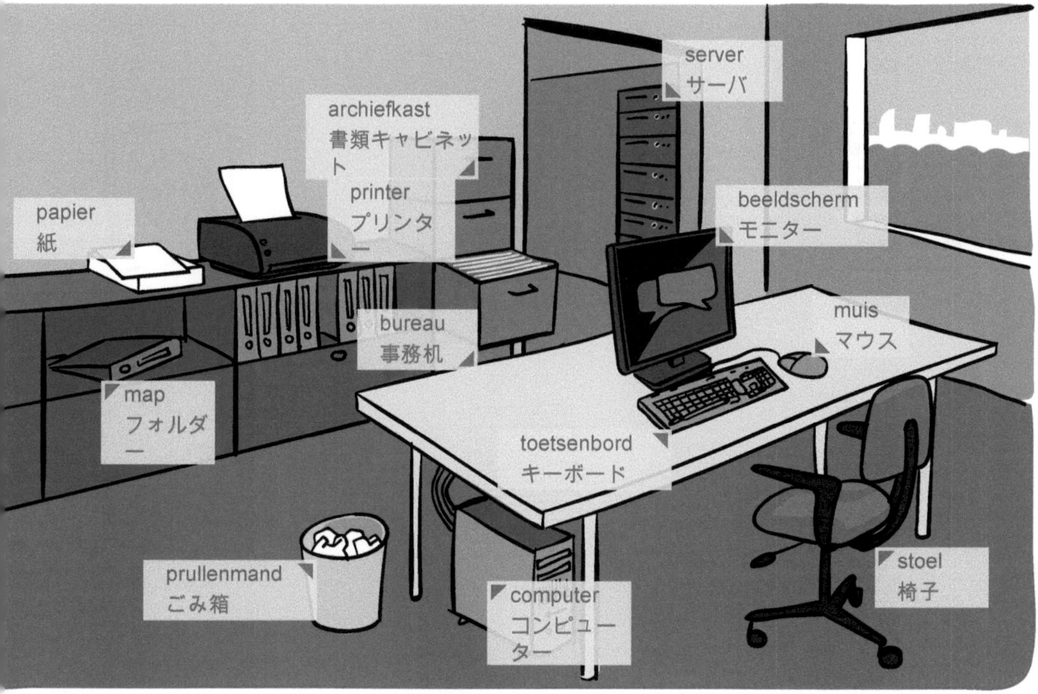

server
サーバ

archiefkast
書類キャビネット

printer
プリンター

papier
紙

beeldscherm
モニター

bureau
事務机

muis
マウス

map
フォルダー

toetsenbord
キーボード

prullenmand
ごみ箱

stoel
椅子

computer
コンピューター

koffiemok

コーヒーマグ

rekenmachine

計算機

internet

インターネット

laptop

ラップトップ

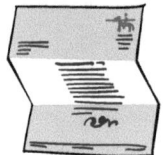

brief

手紙

bericht

メッセージ

mobiele telefoon

携帯電話

netwerk

ネットワーク

kopieermachine

コピー機

software

ソフトウェア

telefoon

電話

stopcontact

コンセント

fax

ファックス

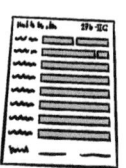

formulier

フォーム

document

書類

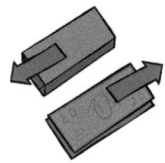

kopen
買う

betalen
支払う

handel drijven
取引する

geld
お金

 **USD**

dollar
ドル

 **EUR**

euro
ユーロ

 **JPY**

yen
円

 **RUB**

roebel
ルーブル

 **CHF**

Zwitserse frank
スイスフラン

 **CNY**

renminbi yuan
人民元

 **INR**

roepie
ルピー

geldautomaat
キャッシュポイント

wisselkantoor

両替所

goud

金

zilver

銀

olie

油

energie

エネルギー

prijs

価格

contract

契約

belasting

税金

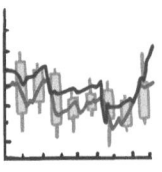

aandeel

株

werken

働く

werknemer

従業員

werkgever

雇用主

fabriek

工場

winkel

ショップ

beroepen
職業

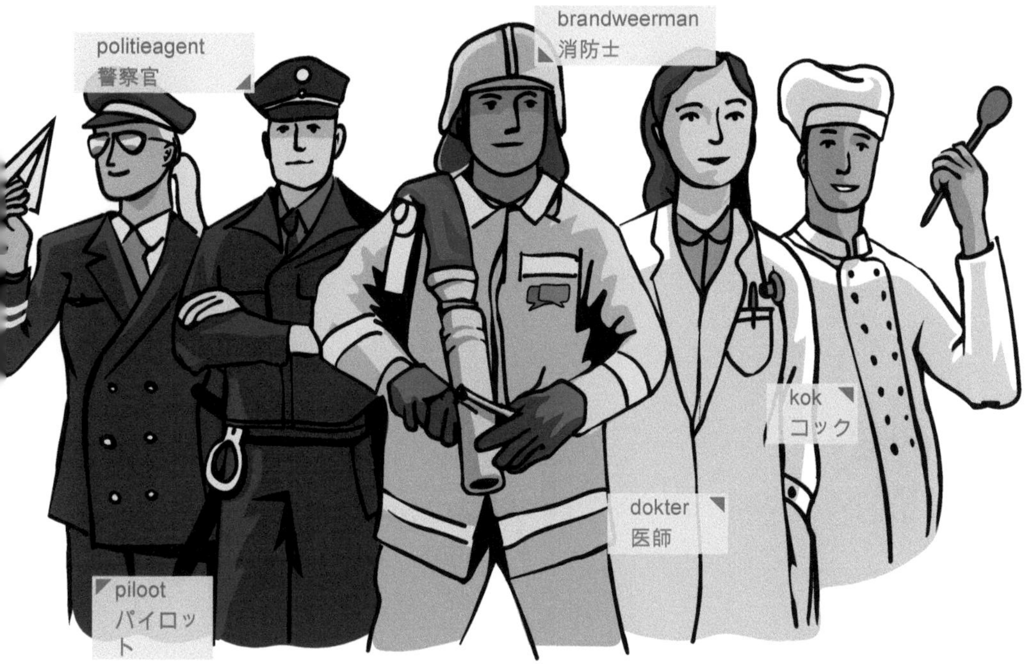
politieagent
警察官
brandweerman
消防士
kok
コック
dokter
医師
piloot
パイロット

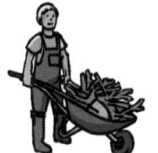

tuinman

庭師

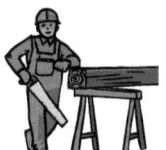

timmerman

大工

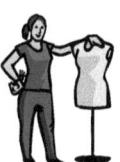

naaister

お針子

rechter

裁判官

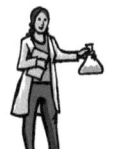

scheikundige

化学者

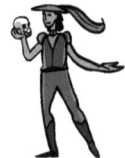

toneelspeler

俳優

buschauffeur

バスの運転手

taxichauffeur

タクシー運転手

visser

漁師

schoonmaakster

掃除婦

dakdekker

屋根ふき職人

ober

ウェイター

jager

ハンター

schilder

塗装工

bakker

パン屋

elektricien

電気工

bouwvakker

建設作業員

ingenieur

エンジニア

slager

肉屋

loodgieter

配管工

postbode

郵便配達人

soldaat

軍人

architect

建築家

kassier

レジ係

bloemist

花屋

kapper

美容師

conducteur

車掌

monteur

機械工

kapitein

キャプテン

tandarts

歯科医

wetenschapper

科学者

rabbi

ラビ

imam

イスラム導師

monnik

修道士

pastoor

牧師

gereedschap
道具

hamer
ハンマー
tang
くぎ抜き
schroevendraaier
ドライバー
moersleutel
スパナ
zaklamp
懐中電灯

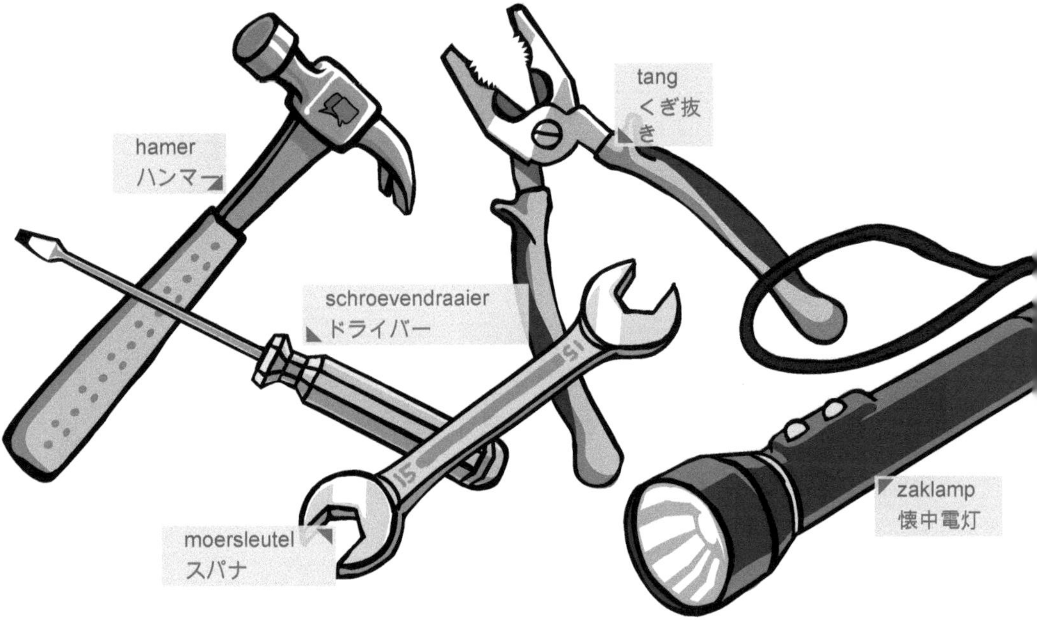

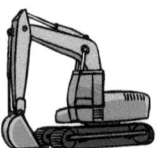

graafmachine

掘削機

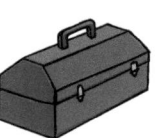

gereedschapskist

道具箱

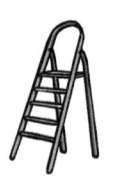

ladder

はしご

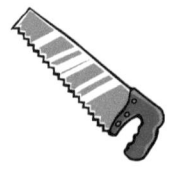

zaag

のこぎり

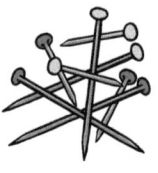

spijkers

釘

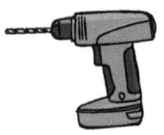

boor

ドリル

repareren

修理する

schep

シャベル

Verdorie!

クソ！

stofblik

ちりとり

verfpot

ペンキ缶

schroeven

ネジ

muziekinstrumenten
楽器

luidspreker
スピーカー

drumstel
打楽器

contrabas
コントラバス

trompet
トランペット

gitaar
ギター

piano

ピアノ

viool

バイオリン

bas

バス

pauk

ティンパニ

trommel

ドラム

keyboard

キーボード

saxofoon

サックス

fluit

フルート

microfoon

マイクロフォン

dierentuin
動物園

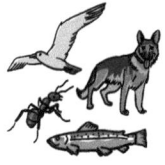

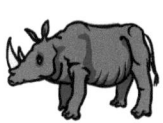

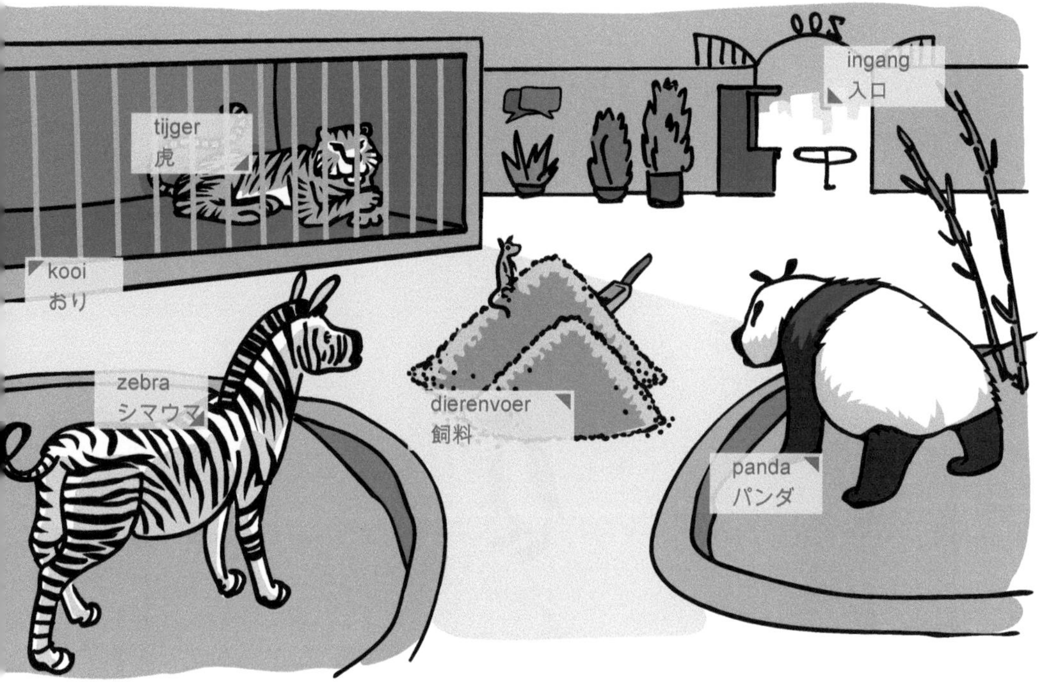

tijger
虎
ingang
入口
kooi
おり
zebra
シマウマ
dierenvoer
飼料
panda
パンダ

dieren

動物

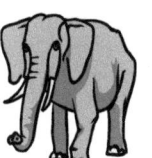

olifant

象

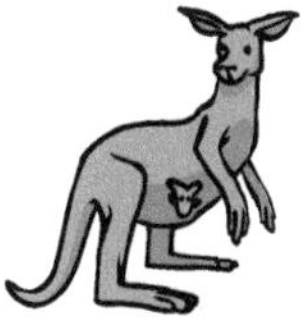

kangoeroe

カンガルー

neushoorn

サイ

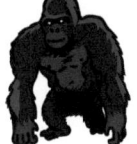

gorilla

ゴリラ

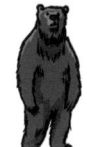

beer

熊

kameel

ラクダ

struisvogel

ダチョウ

leeuw

ライオン

aap

猿

flamingo

フラミンゴ

papegaai

オウム

ijsbeer

白クマ

pinguïn

ペンギン

haai

サメ

pauw

クジャク

slang

蛇

krokodil

ワニ

dierenverzorger

飼育係

zeehond

アザラシ

jaguar

ジャガー

dierentuin - 動物園

pony
ポニー

luipaard
ヒョウ

nijlpaard
カバ

giraffe
キリン

adelaar
鷲

wild zwijn
雄豚

vis
魚

schildpad
亀

walrus
セイウチ

vos
狐

gazelle
ガゼル

American football
アメフト

wielrennen
サイクリング

tennis
テニス

basketbal
バスケットボール

zwemmen
水泳

boksen
ボクシング

ijshockey
アイスホッケー

voetbal
サッカー

badminton
バドミントン

atletiek
陸上競技

handbal
ハンドボール

skiën
スキー

polo
ポロ

springen
跳ぶ

knuffelen
抱きしめる

lachen
笑う

lopen
歩く

zingen
歌う

bidden
祈る

kussen
キス

dromen
夢見る

schrijven
....
書く

tekenen
....
描く

tonen
....
示す

duwen
....
押す

geven
....
与える

oppakken
....
取る

hebben
持っている

doen
する

zijn
ある

staan
立つ

rennen
走る

trekken
引く

gooien
投げる

vallen
落ちる

liggen
横たわっている

wachten
待つ

dragen
運ぶ

zitten
座る

aankleden
着る

slapen
眠る

wakker worden
目が覚める

bekijken
見る

huilen
泣く

strelen
なでる

kammen
櫛ですく

praten
話す

begrijpen
理解する

vragen
質問する

horen
聞く

drinken
飲む

eten
食べる

opruimen
片づける

houden van
愛する

koken
料理する

rijden
運転する

vliegen
飛ぶ

zeilen

ヨットに乗る

rekenen

計算する

lezen

読む

leren

学ぶ

werken

働く

trouwen

結婚する

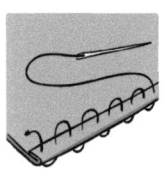

naaien

縫う

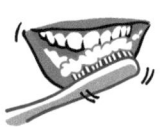

tandenpoetsen

歯を磨く

doden

殺す

roken

喫煙する

verzenden

送る

grootmoeder
祖母

grootvader
祖父

vader
父

moeder
母

baby
赤ん坊

dochter
娘

zoon
息子

gast
お客様

tante
おば

oom
おじ

broer
兄弟

zus
姉妹

lichaam
体

voorhoofd
ひたい
oog
目
schouder
肩
vinger
指
gezicht
顔
kin
あご
hand
手
been
脚
borst
胸
arm
腕

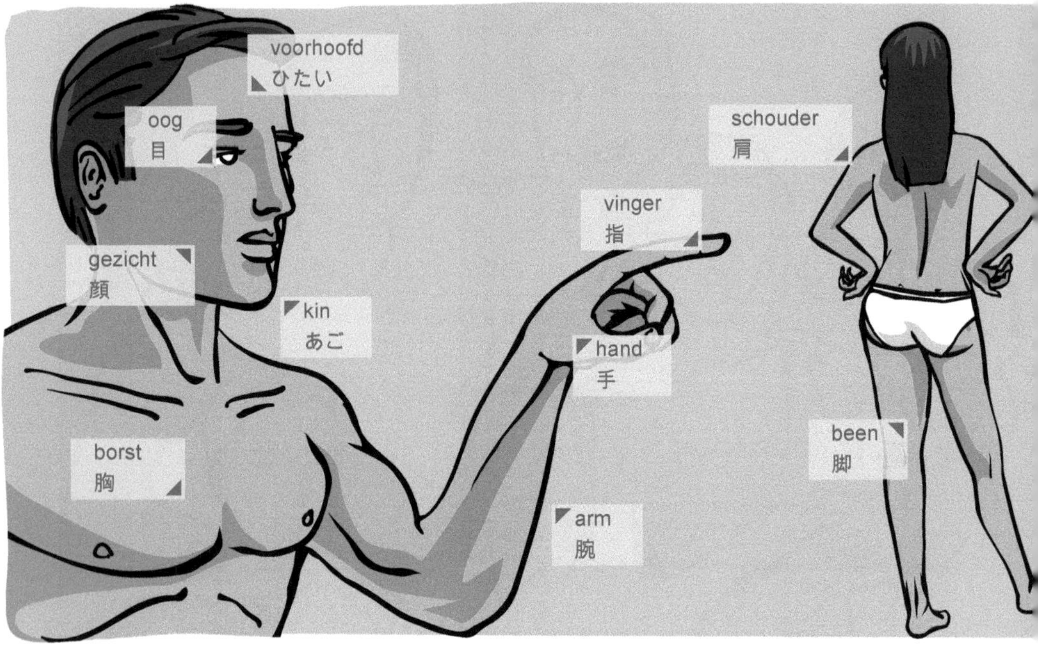

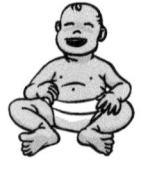

baby

赤ん坊

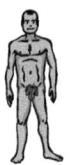

man

男性

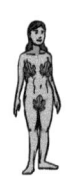

vrouw

女性

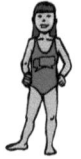

meisje

少女

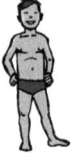

jongen

少年

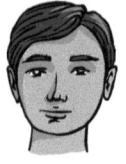

hoofd

頭

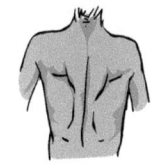

rug
背中

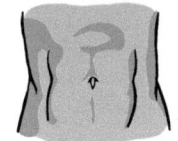

buik
腹

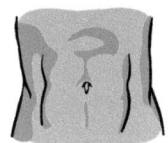

navel
へそ

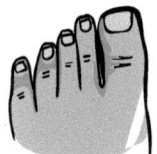

teen
足指

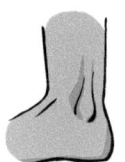

hiel
かかと

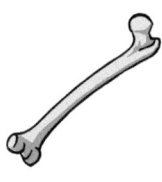

bot
骨

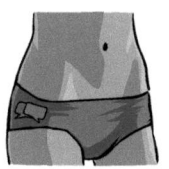

heup
腰

knie
ひざ

elleboog
ひじ

neus
鼻

achterwerk
尻

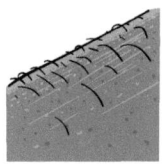

huid
皮膚

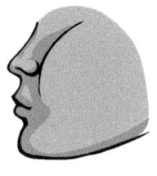

wang
頬

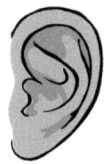

oor
耳

lippen
唇

mond
口

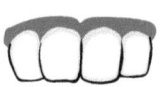

tand
歯

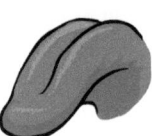

tong
舌

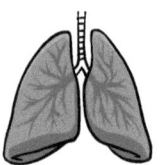

hersenen
脳

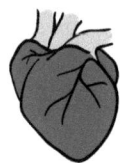

hart
心臓

spier
筋肉

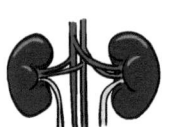

long
肺

lever
肝臓

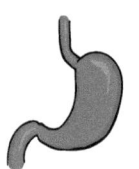

maag
胃

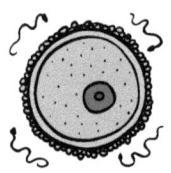

nieren
腎臓

geslachtsgemeenschap
セックス

condoom
コンドーム

eicel
卵細胞

sperma
精液

zwangerschap
妊娠

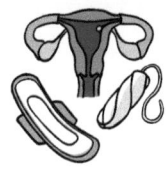

menstruatie

月経

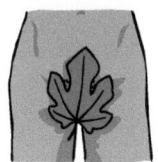

vagina

膣

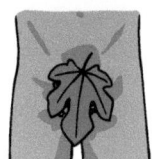

penis

ペニス

wenkbrauw

眉

haar

髪

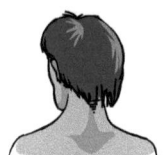

hals

首

ziekenhuis
病院

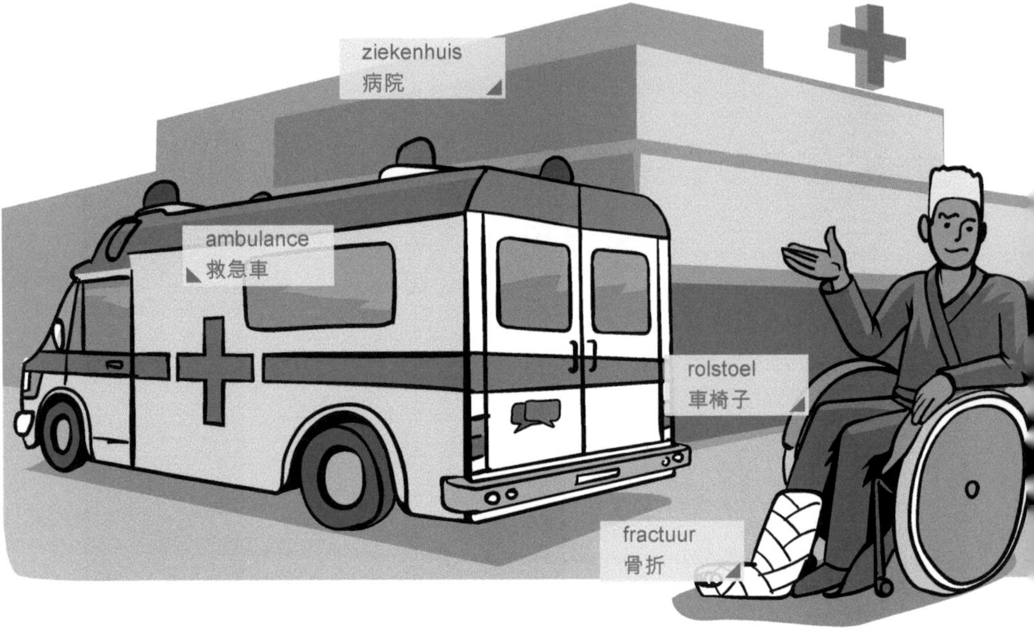

ziekenhuis
病院
ambulance
救急車
rolstoel
車椅子
fractuur
骨折

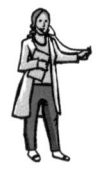

dokter

医師

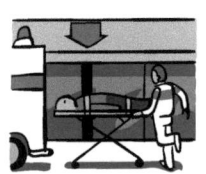

EHBO

救急治療室

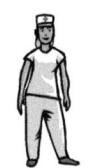

verpleegster

看護師

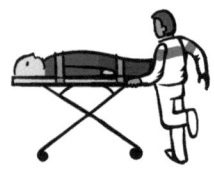

noodgeval

救急

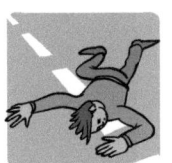

bewusteloos

失神

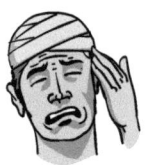

pijn

痛み

verwonding

けが

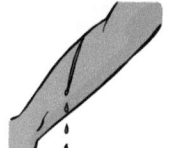

bloeding

出血

hartaanval

心臓発作

beroerte

脳卒中

allergie

アレルギー

hoest

咳

koorts

熱

griep

インフルエンザ

diarree

下痢

hoofdpijn

頭痛

kanker

癌

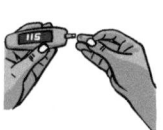

diabetes

糖尿病

chirurg

外科医

scalpel

外科用メス

operatie

手術

CT
CT

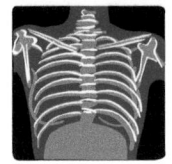

röntgen
レントゲン

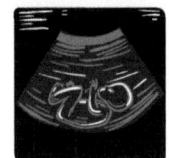

echografie
超音波

gezichtsmasker
マスク

ziekte
病気

wachtkamer
待合室

kruk
松葉づえ

pleister
ばんそうこう

verband
包帯

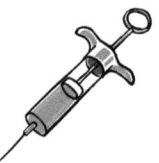

injectie
注射

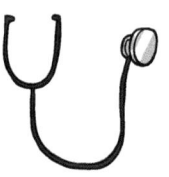

stethoscoop
聴診器

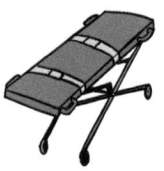

brancard
担架

thermometer
体温計

geboorte
出産

overgewicht
肥満

gehoorapparaat

補聴器

ontsmettingsmiddel

消毒剤

infectie

感染

virus

ウイルス

HIV / AIDS

HIV / エイズ

medicijn

内服薬

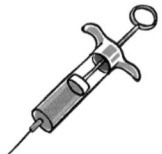

inenting

予防接種

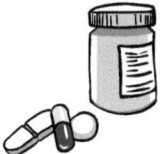

tabletten

錠剤

pil

ピル

alarmnummer

緊急電話

bloeddrukmeter

血圧計

ziek / gezond

病気の / 健康な

Help!

助けて！

alarm

アラーム

overval

暴行

aanval

攻撃

gevaar

危険

nooduitgang

非常口

Brand!

火事だ！

brandblusser

消火器

ongeluk

事故

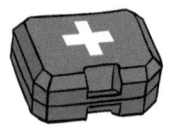

EHBO-koffer

救急箱

SOS

SOS

politie

警察

Europa

ヨーロッパ

Noord-Amerika

北米

Zuid-Amerika

南米

Afrika

アフリカ

Azië

アジア

Australië

オーストラリア

Atlantische Oceaan

大西洋

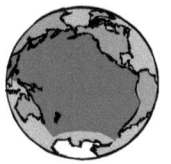

Stille Oceaan

太平洋

Indische Oceaan

インド洋

Zuidelijke Oceaan

南極海

Noordelijke IJszee

北極海

Noordpool

北極

Zuidpool

南極

Antarctica

南極大陸

aarde

地球

land

陸

zee

海

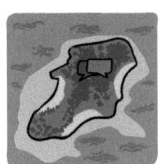

eiland

島

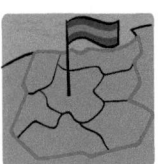

natie

国家

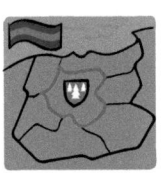

staat

国家

wijzerplaat

文字盤

uurwijzer

短針

minutenwijzer

長針

secondewijzer

秒針

Hoe laat is het?

何時ですか？

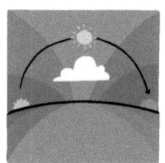

dag

日

tijd

時間

nu

現在

digitaal horloge

デジタル時計

minuut

分

uur

時間

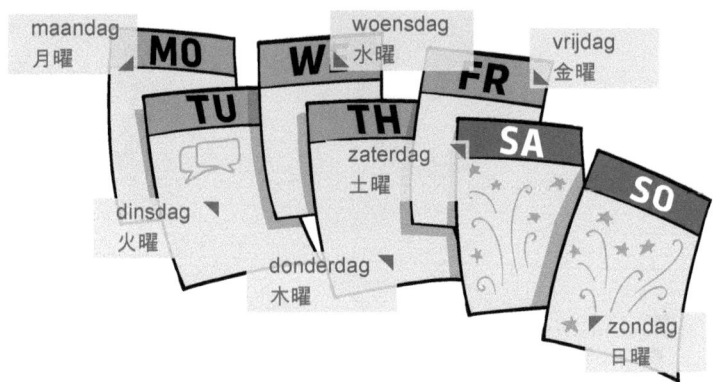

maandag
月曜

woensdag
水曜

vrijdag
金曜

dinsdag
火曜

zaterdag
土曜

donderdag
木曜

zondag
日曜

gisteren

昨日

vandaag

今日

morgen

明日

ochtend

朝

middag

昼

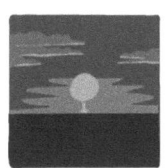

avond

夜

werkdagen

営業日

weekend

週末

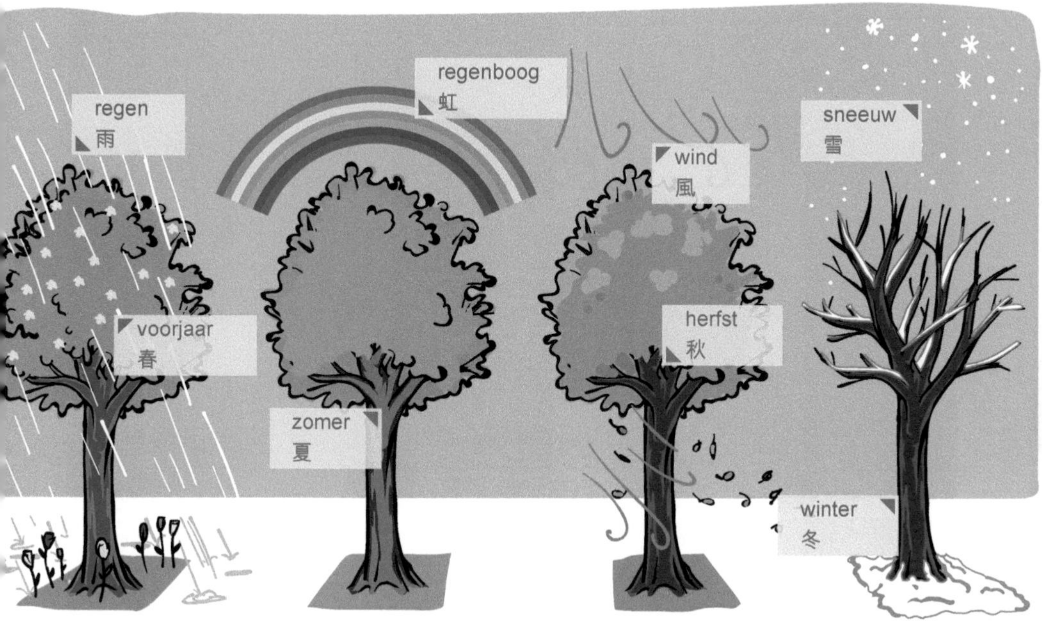

regen
雨

regenboog
虹

wind
風

sneeuw
雪

voorjaar
春

zomer
夏

herfst
秋

winter
冬

weerbericht
天気予報

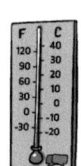

thermometer
温度計

zonneschijn
日差し

wolk
雲

mist
霧

luchtvochtigheid
湿度

bliksem

雷

donder

雷

storm

嵐

hagel

ひょう

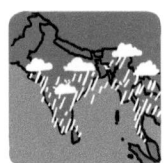

moesson

季節風

overstroming

洪水

ijs

氷

januari

1月

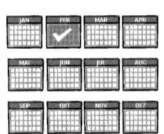

februari

2月

maart

3月

april

4月

mei

5月

juni

6月

juli

7月

augustus

8月

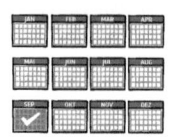

september

9月

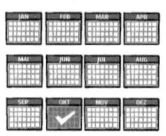

oktober

10月

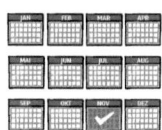

november

11月

december

12月

vormen

形

cirkel

円

vierkant

正方形

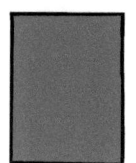

rechthoek

長方形

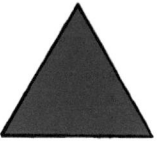

driehoek

三角

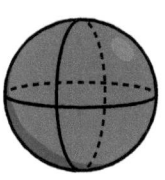

bol

球

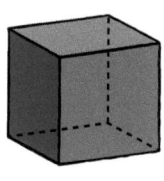

kubus

立方体

kleuren
色

wit
白

geel
黄

oranje
オレンジ

roze
ピンク

rood
赤

paars
紫

blauw
青

groen
緑

bruin
茶

grijs
灰色

zwart
黒

veel / weinig

多い / 少ない

boos / rustig

怒っている /
落ち着いている

mooi / lelijk

美しい / 醜い

begin / einde

初め / 終わり

groot / klein

大きい / 小さい

licht / donker

明るい / 暗い

broer / zus

兄弟 / 姉妹

schoon / vies

清潔な / 汚い

volledig / onvolledig

完全な / 不完全な

dag/ nacht

日中 / 夜

dood / levend

死んだ / 生きている

breed / smal

幅広い / 狭い

eetbaar / oneetbaar

食べられる /
食べられない

gemeen / aardig

悪意のある / 親切な

opgewonden / verveeld

興奮している /
退屈している

dik / dun

太った / 痩せた

eerste / laatste

最初に / 最後に

vriend / vijand

友人 / 敵

vol / leeg

いっぱいの / 空の

hard / zacht

硬い / 柔らかい

zwaar / licht

重い / 軽い

honger / dorst

空腹 / 喉の渇き

ziek / gezond

病気の / 健康な

illegaal / legaal

違法な / 合法な

intelligent / dom

賢い / 愚かな

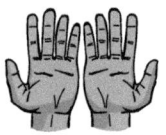

links / rechts

左に / 右に

dichtbij / ver

近い / 遠い

nieuw / gebruikt

新しい / 中古の

niets / iets

何もない / 何かある

oud / jong

老いた / 若い

aan / uit

オン / オフ

open / gesloten

開いている /
閉まっている

zacht / luid

静かな / うるさい

rijk / arm

裕福な / 貧乏な

goed / fout

正しい / 間違っている

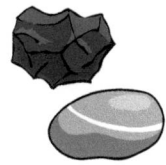

ruw / glad

粗い / なめらか

verdrietig / gelukkig

悲しい / 幸せな

kort / lang

短い / 長い

langzaam / snel

ゆっくり / 速い

nat / droog

濡れた / 乾いた

warm / koel

温かい / 冷たい

oorlog / vrede

戦争 / 平和

0

nul

ゼロ

1

één

1

2

twee

2

3

drie

3

4

vier

4

5

vijf

5

6

zes

6

7

zeven

7

8

acht

8

9

negen

9

10

tien

10

11

elf

11

12
twaalf
12

13
dertien
13

14
veertien
14

15
vijftien
15

16
zestien
16

17
zeventien
17

18
achttien
18

19
negentien
19

20
twintig
20

100
honderd
100

1.000
duizend
1000

1.000.000
miljoen
100万

Engels

英語

Amerikaans Engels

アメリカ英語

Chinees Mandarijn

中国標準語

Hindi

ヒンディー語

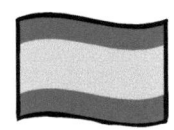

Spaans

スペイン語

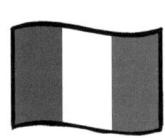

Frans

フランス語

Arabisch

アラビア語

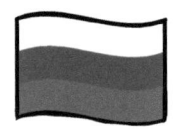

Russisch

ロシア語

Portugees

ポルトガル語

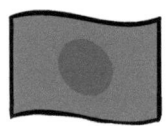

Bengalees

ベンガル語

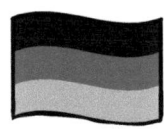

Duits

ドイツ語

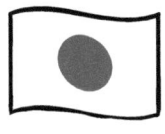

Japans

日本語

ik

私

jij

あなた

hij / zij / het

彼 / 彼女 / それ

wij

私たち

jullie

あなたたち

zij

彼ら

wie?

誰？

wat?

何？

hoe?

どうやって？

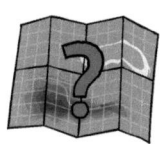

waar?

どこ？

wanneer?

いつ？

naam

名前

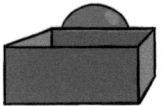

achter
....
後ろ

in
....
中

voor
....
前

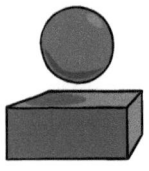

boven
....
上

op
....
上

onder
....
下

naast
....
横

tussen
....
間

plaats
....
場所